QUADERNI CENNI

# L'ESERCITO DEL DUCATO DI PARMA

## TERZA PARTE
## 1848-1859

Acquarelli di Quinto Cenni dalla collezione
di H. J. Vinkhuijzen

SOLDIERSHOP PUBLISHING

Title: **L'ESERCITO DEL DUCATO DI PARMA parte terza 1848-1859. cod. QC003**
By Luca Stefano Cristini. Tavole a colori di Quinto Cenni. First edition by Soldiershop.
Cover & Art Design: Luca S. Cristini. And Anna Cristini
ISBN code: 978-88-93270557 codice e collana Soldiershop Quaderni Cenni (QC003)

Published by Soldiershop publishing, via Padre Davide, 7 - 24050 Zanica (BG) ITALY. www.soldiershop.com

**Publishing's notes**

# L'ESERCITO DEL DUCATO DI PARMA

## PARTE TERZA

\*

### 1848-1859

**QUADERNI CENNI**

# Il Ducato Parmense torna ai Borboni

## Carlo II duca di Parma

Il 17 dicembre 1847, Maria Luigia d'Asburgo morì. Carlo Ludovico già duca di Lucca diviene anche duca di Parma. Egli giunse nel suo nuovo ducato il 31 dicembre 1847, e prese possesso del trono dei suoi antenati, con il nome di Carlo II rinunciando da allora al suo vecchio ducato di Lucca che fu incorporato nel granducato di Toscana.

Per accordi segreti col duca di Modena, Parma perse Guastalla  compensati da alcuni territori in Lunigiana (Pontremoli).

Il Borbone Carlo II fu accolto freddamente a Parma ancora intenta a piangere la scomparsa dell'amata duchessa austriaca. Gli mancava il carattere e l'acume politico per essere in grado di superare una situazione molto più complicata di quella che aveva lasciato nel piccolo ducato di Lucca. Parma era per lui troppo austriacante, e questo fatto lo deprimeva e gli proibiva quella vita leggera che aveva sempre ostentato prima di allora. Non era libero di seguire le proprie idee politiche e a tal proposito scrisse ad un suo corrispondente: *"È meglio morire che vivere così. Durante il giorno, e quando sono solo, piango. Ma questo non aiuta"*.

Nei suoi primi e unici atti di governo, cercò di riorganizzare l'amministrazione centrale. Firmò un'alleanza militare con l'Austria. Tuttavia pochi mesi dopo il suo arrivo, scoppiò anche a Parma la rivoluzione del 1848.

Questa lo costrinse a prendere una decisione; o schiacciare con la forza la sollevazione oppure concedere le riforme. Carlo II optò per la soluzione pacifica e nominò una reggenza con il compito di preparare una costituzione.

In questa fase approcciò anche con il re di Sardegna Carlo Alberto che tuttavia di rimando, tagliava corto pretendendo unicamente l'annessione del ducato, visto che già Piacenza gli si era pronunciata per una soluzione simile. Ma dopo la sconfitta dei piemontesi a Custoza e il successivo armistizio, Parma rientra completamente nelle mani austriache che aboliscono la reggenza e instaurarono un governo provvisorio. Per salvare i suoi domini, Carlo II , il 19 aprile 1849 fu costretto ad abdicare in favore del figlio che diverrà duca col nome di Carlo III.

## Carlo III il duca prussiano

Carlo III nacque a Pianore vicino a Lucca nel 1823, unico figlio maschio di Carlo Ludovico allora duca di Lucca. Per parte di madre era imparentato coi Savoia, essendo figlio di Maria Teresa a sua volta figlia di Vittorio Emanuele I di Sardegna. Al battesimo gli furono imposti i nomi di Ferdinando, Carlo, Vittorio, Giuseppe, Maria e  Baldassarre, ma fino alla sua salita al trono come Duca di Parma nel 1849, egli fu chiamato semplicemente Ferdinando Carlo o Ferdinando. In famiglia era chiamato Danduccio.

Dal 13 marzo 1824 portò il titolo di Principe Ereditario di Lucca. Nel 1841 Ferdinando Carlo ha la sua prima esperienza militare. Mandato a Torino ricevette una commissione nell'esercito piemontese con il grado di capitano nel Novara cavalleria. Nel 1845 egli sposò Luisa Maria Teresa d'Artois sorella del pretendente legittimo

◄ Arme del ducato di Parma sotto i Borboni che rientrano in possesso del ducato alla morte di Maria Luigia.

al trono di Francia. Finalmente dopo l'abdicazione del padre in suo favore Ferdinando Carlo prese possesso del ducato con il nome di Carlo III di Parma. Egli, militarista convinto e assai meno liberale del padre, protetto dalle truppe austriache ebbe la mano pesante ed inflisse pesanti sanzioni ai componenti dell'antico governo provvisorio, arrivando persino a chiudere l'Università rea a suo avviso di essere un covo di cospiratori.

Ancora meno amato del padre dai parmensi, anche per via delle enormi spese che il duca amava riversare nell'apparato militare, giunto sotto di lui alla sua massima potenza ed efficacia.

Il malcontento nei suoi confronti si spinse al punto di provocare un attentato di cui il duca rimase vittima. Venne infatti pugnalato a morte a Parma mentre passeggiava per strada il 26 marzo 1854, presumibilmente da un sellaio locale di nome Antonio Carra di fede mazziniana. Dell'attentato subito dal duca esiste una descrizione ufficiale che dice:

*"l'assassino attese la sua vittima ad una svolta di strada l'affrontò parlandogli in sul viso con piglio di affaccendato, disse lasciatemi andare al centro che ho fretta. Mentre il duca rispondeva: che sfacciataggine è questa, quegli gli squarciava con larga ferita il ventre, da basso, e tenendo il coltello immerso, si spinse alcuni passi addietro, per modo da trovarsi al coperto dall'intendente addietro che accompagnava il Duca. Questi stramazzò, l'intendente accorse, l'assassino seguitò la sua corsa fino a rimescolarsi con un gruppo di gente. [...] L'augusto ferito fu recato di colà al palazzo per mano dell'intendente e dell'alabardiere, in mezzo alla gente accorsa. Furono subito dati ordini perché le porte della città fossero chiuse, e fatte delle perquisizioni domiciliari. Altri aggiunti. Cinque o sei giorni prima del colpo si vide scritto in vari luoghi della città, morte al duca, e poco prima del fatto: sepoltura al duca. Nel giorno in cui succedette il colpo, si trovarono troncati i fili del telegrafo verso Piacenza e verso Lombardia e per togliere che i soprattanti potessero rannodarli in ciascuna direzione erano stati troncati in tre luoghi."*

Gli succedette il giovanissimo figlio Roberto che per ragioni di età fu posto sotto la reggenza della madre, la duchessa Luisa Maria, che svolse negli anni di regno fino al 1859 un'azione moderata.

Dopo la seconda guerra di indipendenza, il ducato cessa di esistere e viene annesso al Regno di Sardegna e Luisa Maria dovette andare in esilio col figlio Roberto e gli altri figli.

Roberto, ultimo duca di Parma fu anche padre di Zita, moglie di Carlo III a sua volta ultimo imperatore d'Austria fino al 1918.

▲ Blasone del ducato di Parma sotto i Borbone negli anni 1848-1859

▶ Louise Marie Thérèse d'Artois, Duchessa di Parma con i suoi tre figli nel 1849 da un dipinto di Raffi Prosper.

# Le fogge militari parmensi da Maria Luigia a Roberto I°

Pochi anni fa, vennero esposti in un museo di New York 62 disegni originali di Quinto Cenni, provenienti dalla collezione Viskuezzen, prima di allora pressoché ignoti. La maggior parte di questi bozzetti si riferivano alle truppe parmensi nel periodo della reggenza di Maria Luigia d'Austria, già imperatrice di Francia e consorte di Napoleone Bonaparte. Quelle illustrazioni, e le tantissime altre inedite che pubblichiamo integralmente su questi libri sono assai graziose e curiose. Esse rimandano una romantica e nostalgica immagine oleografica della bella Parma di metà ottocento.

Il lavoro è ovviamente molto interessante per l'analisi delle fogge militari visivamente influenzate, nel corso dei tre decenni di vita che rimangono al piccolo ducato emiliano, dalle alterne vicende politiche che si susseguono. Perciò assistiamo negli anni iniziali alla foggia di chiaro stampo napoleonico, seguita presto da tagli di ispirazione austriaca. I francesi abbandoneranno definitivamente Parma nel 1814, sostituiti da un governo provvisorio, appoggiato dall'impero austriaco, che si doterà di un piccolo primo embrione di esercito composto da una guardia urbana di 500 uomini oltre ad un piccolo copro di polizia per garantire l'ordine pubblico.

Quando giunge a Parma Maria Luigia, come detto ricevuta con tutti gli onori e con non poca curiosità. Fra i primi atti del suo arrivo l'esercito del governo provvisorio viene subito sciolto, e con l'appoggio stavolta diretto e totale austriaco, che ne gestisce anche il comando si fonda il primo vero esercito del ducato.

Nasce così il reggimento "Maria Luigia" su due battaglioni, basati sulle classiche compagnie di granatieri, cacciatori e fucilieri. Il reggimento è appoggiato da varie strutture militari minori come le compagnie di artiglieri, di un corpo di sanità, del genio, veterani e una Guardia civica.

Viene fondato anche un corpo di Dragoni, con tenute assai eleganti, già eredi dei precedenti carabinieri, la polizia del governo provvisorio. In questa prima fase la duchessa confermò la "moda francese" che si basava sullo shako, sul colore blu di fondo delle marsine a taglio corto, calzoni bianchi e le ghette nere.

Due anni dopo però si afferma definitivamente il taglio austriaco. Per prima cosa il *bleu foncè* viene sostituito dall'azzurro/grigio perla che prenderà il nome di "Maria Luigia". Fra il 1831 e il 1836 la foggia austriaca si fa ancora più evidente, e la particolare ricchezza delle uniformi costringe più di un ufficiale a spendere buona parte del proprio stipendio per adeguarsi alla nuova moda.

Alla morte della duchessa, l'azzurro chiaro detto in suo onore "Maria Luigia" è ancora la principale caratteristica dell'esercito ducale!

L'avvento dei Borboni sul trono di Parma, specialmente con l'arrivo di Carlo III, succeduto alla breve parentesi del regno di suo padre, provocherà una nuova rivoluzione nelle uniformi dell'esercito del piccolo ducato, questa volta in chiave spiccatamente prussiana. Farà la sua comparsa l'elegantissimo e molto marziale Pikelhaube, il famoso elmo di cuoi nero con l'imperiale a chiodo. La tunica è, manco a dirlo Bleu di Prussia. Per le fogge, i particolari delle uniformi di tutti i corpi, il nuovo duca si rivolse direttamente a fornitori berlinesi. Questo però sarà argomento del secondo libro di questa nostra serie dedicata ai soldati parmensi.

▶ Soldati della fanteria di linea nel 1852, da un incisione del Knotel.

# Parma.

| Trommler | Soldat | Soldat | Leutnant | Stabsoffizier |
|----------|--------|--------|----------|---------------|
| 3. Bat. | 1. Bat. | 3. Bat. | 2. Bat. | 1. Bat. |

## Linien-Infanterie.
### 1852.

Als Muster für die Uniform hat augenscheinlich das preussische Modell gedient. Die Bataillone unterschieden sich durch die Farbe der Aermelpatten, Achselklappen und Schosstaschenleisten — himmelblau für das 1. Bat., weiss für das 2. und gelb für das 3. Die Spielleute hatten um die Abzeichen eine himmelblaue mit gelben Lilien durchwirkte Borte, ebenso auf den Schwalbennestern. Bis zum Jahre 1859, in welchem die Armee sich infolge der Kriegsereignisse auflöste, traten einige Aenderungen in der Uniform ein. Die Aermelpatten fielen ganz fort. Die Offiziere erhielten unter Beibehalt der Epauletts Gradabzeichen nach österreichischem System, statt der Gradsternchen kleine Lilien, die Stabsoffiziere Goldtressen am Kragen und Aufschläge. Der Namenszug auf der Satteldecke bedeutet »Carl III«, † 27. März 1854. Ihm folgte unter Regentschaft seiner Mutter Herzog

# Parma.

| Trompeter. | Reitender Kanonier.<br>Feld - Artillerie. | Offizier. | Kanonier im Mantel.<br>Festungs-Artillerie. |

## Artillerie.

### 1859.

Trotz mancher Eigentümlichkeiten zeigt die Uniform der Artillerie, ebenso wie die der Infanterie (Band XIII, Blatt 46) starke Anlehnung an das preussische Vorbild, sowohl im Schnitt, wie in der Farbe des Waffenrockes und der Abzeichen. Die Pickel- haube ist vorn mit einem Stern geschmückt, unter dem sich zwei gekreuzte Kanonenrohre befinden. Die Borten auf dem Waffen- rocke des Trompeters sind himmelblau mit eingewirkten gelben Lilien. Bis zum Jahre 1853 zeigten die hinteren Ecken der Sattel- decken den Namenszug C III (Carl III), seit 1853 R I (Robert I). Nach freundlicher Mitteilung von Herrn Dr. Vinkhuyzen im Haag mit Benutzung von Aquarellen von Quinto Cenni.

# L'esercito del ducato parmense

L'esercito del Ducato di Parma, Piacenza e Stati annessi era composto prevalentemente da coscritti e volontari arruolati nella fascia d'età fra i 18 e i 40 anni. Erano esentati dall'arruolamento tutti coloro che avevano fratelli che avevano a loro volta servito sotto le armi, i figli unici, gli ammogliati e con famiglia a carico. Era inoltre in uso una sorta di coscrizione ad estrazione nella misura di un prescelto ogni 200, questa cernita veniva effettuata fra tutti i sudditi in età compresa tra i 18 ed i 25 anni, individui rientranti quindi nella fase d'obbligo del servizio militare. La durata del servizio militare era di 10 anni, di cui 5 in servizio attivo ed altri 5 in congedo illimitato nella riserva.

Per la Cavalleria, il Genio, l'Artiglieria e la Gendarmeria, la ferma era di 8 anni, tutti di servizio attivo. L'arruolamento volontario e il prolungamento della ferma assorbiva un numero sufficiente di aspiranti e richiedenti, tanto che la richiesta di coscritti era molto ridotta, anche perché le dimensioni dello Stato non richiedevano un organico molto numeroso. Questo però aumento sensibilmente sotto la reggenza del militarista Duca Carlo III.

La paga per gli ufficiali era la seguente :

- Colonnello:       Lire Parmensi  800
- Ten. Col.:        Lire Parmensi 700
- Maggiore:         Lire Parmensi 550
- Capitano:         Lire Parmensi 380
- Tenente:          Lire Parmensi  290

Il vitto, veniva distribuito una volta al giorno alle 9.30 del mattino. La qualità, nella perfetta tradizione parmigiana, era buona e le razioni, generose, comprendevano sempre, pasta in brodo e al sugo di carne. La carne (240 grammi) veniva sostituita il venerdì dal baccalà. Il pane era distribuito ogni due giorni in ragione di 650 grammi al giorno. Per il pasto serale i militari dovevano provvedere in proprio. Il rancio veniva consumato in camerata utilizzando

▲ Il palazzo ducale di Parma in un'antica incisione ottocentesca.

◄ Soldati d'artiglieria nel 1859, da un incisione del Knotel.

appositi tavoli a quattro posti e veniva portato in loco dal personale delle cucine che, dopo mezz'ora, provvedevano a ritirare le stoviglie.

Gli Ufficiali e i Sottufficiali consumavano il pasto unico nella giornata presso le rispettive mense. L'eventuale pasto serale era a carico del militare.

Il vitto degli Ufficiali e dei Sottufficiali era più vario nell'assortimento e, in genere, comprendeva una minestra, due piatti di carne, due di verdure, dessert, pane, formaggio, frutta e vino. Le condizioni igieniche collettive ed individuali venivano controllate con continue ispezioni e controlli tendenti ad accertare il rispetto delle più elementari norme d'igiene imposte dalla vita in collettività. Nei mesi estivi, i soldati dovevano effettuare i cosiddetti bagni di pulizia che, per i più ritrosi e pudici potevano ridursi al solo lavaggio delle estremità inferiori. Ogni giovedì della settimana, venivano

controllati il taglio dei capelli, la pulizia del collo, delle orecchie e dei piedi. Tali ispezioni erano ripetute anche durante le marce.

Ogni settimana c'era il cambio della biancheria personale. Il militare versava al caporale di servizio gli effetti sporchi da inviare in lavanderia, che venivano restituiti il sabato successivo. Ogni anno erano previste le visite sanitarie generali a cura del 1° Chirurgo del Reggimento che disponeva d'autorità i ricoveri del caso.

Le armi erano prodotte quasi esclusivamente dalle piccole industrie del Ducato, tranne qualche eccezione nell'artiglieria, con materiali provenienti in massima parte dall'importazione di materie prime provenienti dall'Isola d'Elba e in minor parte dal territorio di Pontremoli.

Le armi bianche in uso derivavano dal modello 1780; ammodernate a partire dal 1847, restarono invariate sino al 1859. I Generali avevano in dotazione delle spade di pregevole fattura introdotte nel periodo Napoleonico.

I reparti a cavallo adottarono le sciabole a lama dritta di derivazione francese, ad eccezione degli Ussari della Reale Guardia del Corpo che mantennero la sciabola modello 1796 inglese.

Le truppe appiedate erano equipaggiate con il tradizionale briquet a lama larga con fornimenti in ottone e fodero in pelle nera. Particolari erano le daghe dei Guastatori con l'impugnatura forgiata a testa di leone e lama a sega,

▲ Ritratti del duca Carlo III di Quinto Cenni

mentre sontuose ed elaboratissime erano le sciabole da parata dei "Tamburi maggiori".

Negli anni '50, con l'introduzione delle prime carabine che sostituirono in alcuni Corpi i lunghi fucili, furono distribuite le caratteristiche sciabole-baionetta. Le armi da fuoco portatili, subirono un processo di ammodernamento che iniziato nella metà degli anni '40, durò circa un decennio. Si passò dalle armi con sistema di accensione a pietra focaia, a quelle con accensione a luminello con capsule a fulminante. La trasformazione interessò anche la rigatura delle canne, a tutto vantaggio della gittata e della precisione del tiro (lastrina con fucili). Alcuni Corpi, come la Cavalleria, continuarono ad avere carabine a pietra focaia, forse in considerazione della scarsa possibilità di utilizzo delle armi da fuoco in battaglia. Molti reparti a cavallo, erano armati con una coppia di pistole da cavalleria. Per quanto attiene alle artiglierie, a partire dal 1850, sotto l'impulso del Duca Carlo III, l'Esercito Parmense dette inizio ad un vasto programma di rinnovamento dei materiali di Artiglieria. Furono effettuati studi sul sistema Francese del 1827 e su quello Piemontese del 1830. La riforma Parmense optò per un sistema simile a quello Napoletano, con le sue profonde modifiche e innovazioni razionali dovute al Ten. Col. Landi, allora Direttore dell'Arsenale di Napoli.

A seconda dell'impiego le Artiglierie erano suddivise in:
- Artiglieria da Campagna, con Batterie da posizione e da battaglia;
- Artiglieria da Montagna.
- Artiglierie da assedio o da Piazza. Era dotata di cannoni da 12 libbre (122 mm) lunghi.
- Artiglieria per la difesa . Impiegava cannoni da 12 libbre e obici da 80 e 30 libbre per il lancio di granate.

Anche nell'Artiglieria Parmense furono attivati studi per il perfezionamento delle bocche da fuoco, nonché per l'applicazione della rigatura. Nel 1858/'59, vennero importati cannoni rigati di provenienza Austriaca.

Fino a quando il reclutamento rimase su base volontaria le forze parmensi poterono contare solo su 1 battaglione di fanteria di linea, 2 squadroni di dragoni a cavallo e mezza batteria d'artiglieria da campagna.

Nel 1859, anche a seguito della coscrizione obbligatoria, l'esercito raggiunge il suo massimo contando:

8 battaglioni di fanteria di linea.

2 squadroni di dragoni a cavallo.

1 batteria d'artiglieria da campagna.

La fanteria di linea al tempo è armata col fucile austriaco Lorenz mod. 1854, in calibro 13,9 mm.

# L'esercito dal 1848 al 1859

Quando Carlo III a seguito dell'abdicazione del trono divenne il nuovo duca di Parma, si attivò immediatamente nel mettere mano alla riforma delle forze Armate. Grande appassionato del settore egli mostrò subito una certa competenza in Materia. Egli fece numerosi tour d'apprendimento presso l'armata austriaca, in special modo per ammodernare il più possibile l'arma dell'artiglieria. Ma dove il Duca raggiunse il massimo fu nella scelta assai moderna per l'epoca, delle uniformi.

## Le Uniformi prussiane di Carlo III

Contrariamente alle tradizioni imperanti fra tutti gli stati pre-unitari italiani, propense ad imitare gli stili francese o austriaco, Carlo III optò invece per lo stato militare per eccellenza, la Prussia. Era questo un gusto mutuato dal padre, che già a Lucca aveva iniziato questo amore per le fogge prussiane. Carlo III si spinse più in là. Volle che uniformi e portanza prussiana fossero allargate anche ai pubblici uffici, amministrativi ecc. Lo stesso Duca si imponeva marce e fatiche militari che se da un lato denotavano il suo carattere marziale , dall'altro gli avevo portato alcune simpatie popolane, specialmente fra il contado, che ben vedeva questo duca avvezzo alle fatiche come tutti. Tuttavia le spese militari sotto il suo governo furono talmente elevate da mettere in crisi tutta la finanza del ducato e a causare a quanto pare anche il motivo del suo assassinio. Carlo III aumentò parecchio le potenzialità dell'esercito ducale che doveva nelle sue intenzioni essere formato da quasi 9.000 uomini in tempo di guerra, ai dati effettivi si passò dai circa 2.000 impiegati sotto Maria Luigia a circa 3.200 sotto Carlo III, fino ad un massimo di quasi 4.000 nella primavera del 1854. Egli ampliò i corpi precedenti e creò nuovi reparti e quindi nuove uniformi. Ovviamente per questo fatto, questo Duca poco amato dalla popolazione era al contrario osannato fra le truppe con le quali non perdeva occasione di accasermarsi.

Per quanto riguarda le armi, uno dei principali fornitori fu il Regno delle Due Sicilie legato anche per motivi di dinastia ai Borbone Parma.

Tornando alle uniformi, Carlo III da il via alla sterzata prussiana il 4 novembre 1849, quando diverranno operative *"le nuove disposizioni per il vestiario"*. Quindi tuniche ad un solo petto *blue roi* (un blu scuro simile al bleu di Prussia) con colletto, paramani e finiture sempre prettamente di stampo prussiano.

### Il Pickelhaube

Ma il vero timbro di riconoscimento tedesco fu l'adozione dell'elmo chiodato, il famoso *Pickelhaube*!

L'elmo su imitazione di un originale prussiano fu fatto realizzare da un artigiano milanese che già ne produceva di simili per la gendarmeria austriaca. L'elmo parmense fu realizzato in una misura più moderna e più bassa, tanto che gli stessi prussiani alcuni anni dopo adotteranno la medesima misura.

Gli ufficiali e le guardie del corpo sin dall'inizio acquistarono il loro copricapo direttamente in Prussia. Tutti gli elmi parmensi si riconobbero tuttavia per la coccarda ducale a raggi gialli e bleu e dal 1851 aggiunte di bordo scarlatto. I caschi degli ufficiali erano arricchiti da piume di cappone.

Anche la tenuta di fatica era di tipo prussiano e soprattutto ancora una volta il berretto tondo con svaso, completato dalla divisa identica alla *Dienstjacke* prussiana. Con la morte di Carlo III le tenute da fatica vennero via via ri-sostituite con quelle di tipo austriaco

In campagna e nella tenuta invernale i soldati parmensi portavano un cappotto lungo sino quasi a i pedi per le truppe a cavallo,  fino al polpaccio per quelle a piedi, sempre chiuse a un petto. Zaino e buffeterie anch'esse ricalcavano la moda tedesca. Le gualdrappe di cavalleria erano ispirate sempre alla cavalleria pesante prussiana ed erano di due tipi: da alta uniforme e per il servizio giornaliero.

## La barba militare..

Curiosamente anche il cosiddetto "onor del mento" fu soggetto a regolamento. Intanto esso era proibito ai civili che dovettero astenersi da barba e baffi riservati ai militari. I soldati quindi andarono fieri di questa esclusività ed essere sottoposto a rasatura equivaleva a subire una punizione. Il 4 giugno 1850 diramato un ordine del giorno che fissava forma e modi di mantenere baffi e barba da parte dei militari. In essa si indica la forma con la opzione di potersela tagliare sul mento, barba intera che rimaneva invece permessa per il copro dei dragoni (insieme a baffi a volontà) e dei sedentari.

### L'esercito al tempo di Carlo III e successivamente sotto Luisa Maria e Roberto I°

Guardia del Corpo: su tre compagnie Parma, Piacenza e Valtarese.
Alabardieri e guide
Gendarmeria
Stato maggiore
Sedentari
Brigata di fanteria su due battaglioni, una compagnia di jager (Cacciatori)
Sezioni auditorato, genio, contabilità
Corpo d'artiglieria

Dopo la morte del Duca, la vedova reggente e l'erede Roberto ridussero fortemente le potenzialità e le spese dell'esercito.

## La bandiera del Ducato

La bandiera Ducale Di Maria Luigia È Alla Base Della Nuova Bandiera Borbonica Con L'ovvia Eccezione Delle Armi Araldiche Dei Borboni In Sostituzione Di Quella Di Casa D'Austria. Al recto, perlomeno nelle bandiere della brigata di fanteria appare invece un effige con san Giorgio che uccide il drago. I denti di lupo ai bordi dello stendardo sono alternativamente di colore scarlatto, giallo e azzurro, gli stessi colori della coccarda nazionale. L'asta diventa di velluto bleu in luogo del rosso.

## Ordine e decorazioni del Ducato di Parma

Il più importante degli ordini dei Borbone Parma fu quello di San Lodovico, passato a Parma dal cessato ducato di Lucca dove regnarono per l'appunto i Borbone prima di tornare in possesso del loro legittimo ducato emiliano. È Carlo III che lo ricostruisce nel 1849 composto di cinque classi. La decorazione è composta da una croce in cui è apposta l'immagine del santo attorniato dal motto ducale:"*Deus et dies*".

▲ Litografia austriaca del duca Carlo III

# Gli ultimi anni dal 1854 all'annessione al Piemonte

Alla morte violenta del Duca Carlo III, successe il figlio di questi, il primogenito Roberto che essendo però in età giovanile passò la reggenza nelle mani di sua madre e vedova del duca Luisa Maria di Berry. La duchessa congedò alcuni fra i più reazionari collaboratori del marito, ma ciò non le bastò ad evitare i moti mazziniani del luglio 1854 che piegò attraverso una politica duramente repressiva, che continuò sino alla fine del ducato nel 1859.

## La fine del ducato

Il 9 giugno 1859, a seguito dei movimenti procurati dalla seconda guerra di Indipendenza, la reggente Luisa Maria di Borbone, ed il figlio, il duca Roberto I, furono costretti ad abbandonare il ducato, non senza aver prima esposto il proprio disappunto tramite una lettera di protesta. Il 15 settembre 1859 venne dichiarata decaduta la dinastia borbonica, e il 30 novembre dello stesso anno Parma entrò a far parte delle province dell'Emilia, rette da Carlo Farini. Nel 1860 l'ex ducato passò tramite plebiscito al Regno di Sardegna e la città di Piacenza, che nel 1848 era stata la prima a votare per l'annessione allo stato sabaudo, meritò così il titolo di "Primogenita del regno d'Italia". La fine del ducato provocò per molti anni la crisi e la conseguente caduta demografica, dovuta all'Indotto venuto a mancare che girava attorno allo Stato e alla corte ducale; il cambiamento di sistema provocò la perdita di molte attività economiche, causando un conseguente decadimento sociale ed economico. A tal proposito da una Lettera di doglianza indirizzata al Ministero degli Interni scritta nel 1865 dal prefetto di Parma avv. Carlo Verga , leggiamo:

*" ...il pubblico ricorre col pensiero a quei tempi in cui abbondavano gli uffici e la Corte spendeva, tempi che si ricordano da molti non senza qualche compiacenza, poiché del passato si sogliono ripetere le cose liete piuttosto che le tristi e dolorose... La città di Parma, come altre volte si è osservato, è forse quella fra tutte le italiane, che nel nuovo ordine di cose, per esser spoglia di propri spedienti e di forze locali, ebbe più a soffrire ne' materiali interessi. Il visibile e continuo deperimento rattrista e commuove questa popolazione... "*

## L'ultimo duca di Parma

Roberto I di Borbone-Parma (1848-1907) aveva solo sei anni al momento della sua nomina a duca, e solo 11 al tempo in cui il ducato cessò di esistere a causa dell'annessione del suo Ducato da parte del Regno di Sardegna nel 1859. Per il resto della sua vita gli rimase solo il titolo di pretendente al trono. Dopo la deposizione la famiglia regnante preferì espatriare nel Lombardo-Veneto, in attesa dell'esito della guerra. La per loro infausta battaglia di Solferino e il conseguente l'Armistizio di Villafranca, cui fece seguito il plebiscito celebrato nel 1860, misero fine a tutte le loro speranze di ritornare sul trono. Tutto il ducato, assieme a Modena e alla Toscana, fu annesso al Regno di Sardegna, a formare il maggior corpo del Regno d'Italia.

L'ex duca Roberto e la sua famiglia tuttavia grazie ad un munifico patrimonio fecero vita lussuosa dividendosi fra le loro proprietà, dal castello di Schwarzau am Steinfeld vicino a Vienna, fino a Villa Pianore in Toscana e al magnifico Castello di Chambord in Francia. Il duca ebbe nel corso della sua vita due matrimoni e una prole assai numerosa, ben 24 figli dodici per ogni moglie! Fra i suoi figli, colei che face la massima carriera fu la Principessa Zita (1892-1989)che andò in sposa all'ultimo Imperatore Carlo I d'Austria. Roberto morì a Viareggio nel 1907.

## La situazione militare nel ducato dal 1854 al 1859

La nuova reggente, a differenza del marito si dimostro presto un'amministratrice più avveduta del defunto marito, ed in questo senso la parte che subì maggiori tagli fu proprio quella relativa al dispositivo militare del ducato. Questo fatto comportava per Parma una relativa fragilità per la sicurezza nazionale, tuttavia Luisa Maria compensò il tutto avviando una franca politica diplomatica di buon vicinato- fattore questo visto con una certa riluttanza dal luogotenente austriaco il generale Jablonowski che era al comando della guarnigione austriaca in città. La duchessa ottenne tuttavia un allentamento della guardia austriaca, confidando che i pochi ribelli, chiamati biricchinoni non avrebbero potuto combinare grossi guai. Questi infatti non erano in grado di garantire un insurrezione popolare, e si diedero quindi ad organizzare attentati spesso nei confronti di ufficiali dell'esercito. Nel 1857 la situazione di tensione politica andava crescendo e il governo del ducato tento un avvicinamento ai piemontesi, o quantomeno di equidistanza. In questa nuova situazione, compito dell'esercito fu prevalentemente quello di mantenere l'ordine pubblico.

## L'organizzazione militare

Come detto il governo parmense dopo la morte del Duca Carlo III contrasse e parecchio le spese a carico delle forze armate. Si risparmiò talmente tanto che già nel 1855 la reggente poté vantare un saldo di pareggio nel bilancio statale. Con la partenza degli austriaci da Parma nel 1857 le spese si ridussero ulteriormente. Tuttavia per sostituire parte degli uomini della guarnigione fu creata una seconda compagnia di cacciatori e tutte le alte compagnie furono aumentate di uomini. Servivano per pareggiare i numero ben 1360 uomini. Nell'occasione delle nuove leve furono redatti i registri che riportano le caratteristiche cui era soggetto il soldato di Parma:

Su un totale di 653 esaminati l'altezza media degli stessi risulto di 1,66 cm. Con punte che andavano da 1,99 per il più alto e 1,33 per il più Basso...Quest'ultimo non poté arruolarsi poiché la misura minima richiesta era di 1,58. Il problema si presentava per i granatieri dove era richiesta un'altezza minima di 1,76, solo il 4% dei coscritti poteva vantare tale altezza. Per fortuna ci aveva pensato la reggente abolendo il corpo dei granatieri nell'ambito del contenimento delle spese. Il motivo maggiore per ottenere l'esenzione fu l'insufficienza toracica. Mediamente solo il 10% scarso dei coscritti segnalava di saper leggere, altrettanti di saper cavalcare e pochi che sapessero suonare.

Lo stato numerico delle truppe in servizio attivo del ducato in data primo gennaio del 1857, perciò poco primi delle nuove leve di cui abbiamo fin qui parlato era:

| Unità | Uomini in servizio |
|---|---|
| Dipartimento militare | 44 |
| Aiutanti di campo di SAR | 4 |
| Guardie del corpo | 32 |
| Alabardieri | 100 |
| Guide | 24 |
| Comando truppe | 12 |
| Genio militare | 14 |
| Gendarmeria | 420 |
| Brigata di fanteria stato maggiore | 58 |
| 1° battaglione | 773 |
| 2° battaglione | 773 |
| Compagnia cacciatori | 126 |
| Batteria da campagna | 113 |
| Compagnia sedentari | 138 |
| Scuola militare | 68 |
| Amministrazione del vestiario | 36 |
| Fabbrica delle polveri | 11 |
| Piazze, forti e pompieri | 25 |
| **Totale complessivo** | **2762** |

▲ Ufficiali parmensi a passeggio nel centro di Parma anni 1828-30

# QUINTO CENNI
## Un soldato che non fece mai il soldato…

Il nostro più grande e prolifico artista militare, Quinto Cenni nacque a Imola, all'epoca sotto il Regno Pontificio, il giorno di Pasqua 20 marzo del 1845 dall'avvocato (o dottore causidico nel volgo emiliano) Antonio e da Maria Sangiorgi, in una famiglia di solide tradizioni cattoliche, patriottiche, ma anche liberali (un cugino, il capitano Guglielmo Cenni, fu infatti un valoroso volontario garibaldino).

Quinto di nome e di fatto, era infatti il quinto dei dieci figli, i più morti prematuramente, che la famiglia Cenni ebbe. Trascorse i primi anni e compì i primi studi nella cittadina romagnola. Ancora ragazzino sviluppò una passione innata per il disegno ritraendo da subito quello che saranno i suoi soggetti per antonomasia, i soldati !

E in quegli anni ritrae principalmente quelli che gli passano sotto gli occhi; militari austriaci e pontifici che attraversano le polverose strade del paese. Alla prematura morte del padre, avvenuta nel 1856, la numerosa prole venne in parte dispersa, e in un primo tempo pare si chiudano per Quinto le possibilità di intraprendere gli studi di disegno, finche si trasferì con un fratello e una sorella a Bologna. Ed è qui, dopo varie tribolazioni, che il nostro consolida la sua vena artistica presto indirizzata negli ideali studi di pittura resi possibili da un generoso sussidio concessogli dalla amministrazione della sua città natia.

Nel 1864 perde anche la madre. Nel 1867 consegue finalmente il meritato diploma e lo stesso anno Cenni si trasferì a Milano che diverrà sua città d'adozione. Sempre del 1867 è il suo primo lavoro noto, oggi purtroppo scomparso, intitolato: "la tumulazione del generale inglese Moore, dopo la battaglia della Coruna in Ispagna".

Nella capitale lombarda egli si perfeziona nella tecnica dell'incisione, iscrivendosi ai corsi di xilografia e litografia dell'Accademia di Brera dove nel 1870 fu premiato per la litografia. Sono di questi anni gli esordi di quella poliedrica e monumentale attività dell'artista nel campo dell'illustrazione grafica. Dapprima collaboratore del periodico Emporio pittoresco, di cui fu il primo illustratore di soggetti a carattere storico-militare, disegnò poi per varie altre riviste come La Cultura moderna, La Lettura Epoca, L'Illustrazione italiana, La Rivista illustrata, Lo Spirito-folletto ed Emporium.

Oltre a lavorare per le riviste si dedicò anche all'illustrazione di libri, come *Niccolò de' Lapi* di Massimo d'Azeglio. la strada è ormai tracciata, Cenni prosegue infaticabile nei suoi progetti artistici ed editoriali, Nel 1870 pubblica il corposo *Custoza 1848-1866* e il numero unico *I Bersaglieri*, dedicato al famoso corpo di fanteria nel cinquantenario della sua costituzione. Negli stessi anni videro la luce anche gli album *L'esercito italiano, Eserciti europei* e *Gli eserciti d'oltre mare* editi tutti da Vallardi. Libri oggi molto ricercati da collezionisti di tutto il mondo. Questi primi vennero seguiti da *I Granatieri* (1887), *Nizza cavalleria, I Carabinieri Reali* (1894), *Cavalleggeri Saluzzo, Lancieri di Firenze* (1898 e 1900), *Avanti l'artiglieria* e *Il Genio militare*.

Quasi sempre editi da Vallardi, ma compaiono anche i primi tentativi di editare direttamente col nome Cenni! In questa nuova veste anche di editore, Quinto Cenni rompe gli indugi e nel 1887 fondò a spese sue *L'Illustrazione militare italiana*, illustrata con tavole e disegni militari. Impresa questa che durò per oltre un decennio terminando appunto nel 1897.

*L'Illustrazione militare italiana* valse al Cenni numerosi riconoscimenti, incarichi e una certa notorietà anche fuori dai confini nazionali. l'opera, la più importante realizzata del Cenni rappresentò quanto di meglio si pubblicava allora in Italia in merito alle tradizioni, la storia e la composizione dell'Esercito Italiano. Cenni sperò che questa pubblicazione potesse essere fonte di quel guadagno che gli era venuto a mancare per i dissidi con l'editore Treves. Il periodico fondato da Cenni, come detto fu accolto con grande favore e diffuso in vari Paesi, dove ebbe abbonati, corrispondenti e collaboratori. Il governo portoghese gli conferì la prestigiosa onorificenza dell'Ordine militare di Cristo. La pubblicazione gli diede molte soddisfazioni, ma purtroppo non quelle economiche.

Ricchissima di notizie, anche relative a viaggi ed esplorazioni. Molti gli articoli di storia militare in particolare relativi a episodi risorgimentali. Fu sempre a seguito di questa opera che il ministero della Guerra italiano gli commissionò un album illustrato sulla campagna del 1859, che venne poi pubblicato a cura dell'Ufficio storico del Corpo di Stato Maggiore col titolo *Album della guerra del 1859*. A questo importante lavoro seguirono poi il numero unico *Aosta la veja*, l'*Atlante militare dedicato alle uniformi degli eserciti europei del tempo*, e *L'Esercito italiano nella nuova divisa* (uniformi del 1910). Tra il 1912 e il 1913 lavorò all'*Album della guerra italo-turca e della conquista della Libia* che fu il primo lavoro italiano di questo tipo pubblicato a dispense, poi riunito in unico fascicolo. Nonostante l'enorme amore e trasporto per le divise e le uniformi, oltre che per tutti gli aspetti della vita militare, Quinto Cenni, il romagnolo naturalizzato milanese, che dedicò tutta la sua vita all'illustrazione del costume militare non vestì mai l'uniforme, non fece mai il soldato. Fu però di fatto un accasermato, poiché non perdeva occasione per stare attorno o nei dintorni di qualsivoglia struttura militare. Sempre molto vicino ai soldati che ritraeva di continuo, passando interi pomeriggi all'interno delle caserme dove, vista la sua fama consolidata, aveva ormai libero accesso, sempre accolto con estrema simpatia.

Quinto Cenni morì in piena prima guerra mondiale il 13 agosto 1917, dopo aver vissuto praticamente tutte le fasi risorgimentali del nostro paese, nella sua casa di proprietà di Carnate in Brianza mentre instancabile stava lavorando alla sua ultima serie dedicata ai Ducato di Modena e Ducato di Parma per il dottor Gustavo De Ridder e per il medico olandese H. J. Vinkhuijzen.

## L'opera di Cenni

La vastissima produzione artistica di Quinto Cenni è oggi custodita in parte dalle Istituzioni pubbliche e in parte da numerosi collezionisti privati sparsi per tutto il mondo. In Italia, presso il Museo Nazionale di Castel S. Angelo a Roma sono conservati 288 acquarelli. Questi sono in gran parte gli originali donati dagli eredi Cenni all'allora Presidente del Consiglio Mussolini. Il Museo del Risorgimento di Milano a sua volta conserva oltre un centinaio di acquarelli sui volontari del Risorgimento.

Anche la Pinacoteca civica di Imola conserva qualche campione del suo illustre concittadino.. Ma è soprattutto l'Ufficio Storico dello Stato Maggiore dell'Esercito a possedere la gran massa dei lavori del Cenni. Oltre all'archivio privato dell'artista, una raccolta di moltissimi documenti divisi in vari volumi, dove Quinto e il figlio Italo dopo di lui hanno raccolto appunti e disegni sulle uniformi, sulle armi e sugli eserciti di tutto il mondo e tutte le epoche. Denominato Codice Cenni esso è costituito dalla raccolta dei lavori del Cenni realizzati fra il 1867 e il 1917. Unica nel suo genere, questa preziosa e irripetibile collezione si compone di venticinque album. Sono migliaia di soggetti in più di duemilacinquecento fogli, "soldatini" bellissimi e coloratissimi.

Vere e proprie pere d'arte nelle quali la cura del particolare e la puntigliosa descrizione degli oggetti di corredo e delle varie parti delle uniformi vengono fissate e arricchite spesso da commenti in lapis dell'artista a piè di pagina. Questo enorme dossier contiene anche migliaia di lettere, fogli, cartoline, blocchi per appunti, pagine di quaderno ricoperti di una scrittura inconfondibile, stralci di regolamenti, repertori militari, prescrizioni, opuscoli e circolari; molti fogli riportano schizzi, disegni, bozze di lavori e altro prezioso materiale fondamentale per ogni studioso di uniformologia.

## La collezione Vinkhuijzen

Recentemente, 50 acquerelli di Quinto Cenni sul Ducato di Parma al tempo di Maria Luigia, dei quali non si conosceva l'esistenza, sono comparsi in mostra al Museo di New York. Essi facevano parte della grandiosa collezione del già citato medico olandese H. J. Vinkhuijzen. Questi, un appassionato cultore di iconografia militare era un contemporaneo del Cenni, visse infatti fra il 1940 e il 1910.
Collezionista eccentrico, il Dr. H. J. Vinkhuijzen, iniziò

la sua carriera come medico dell'esercito olandese fino a diventare medico ufficiale di corte del principe Alessandro dei Paesi Bassi. La sua vasta collezione arrivò a contare oltre 32.000 soggetti. Moltissimi e pressoché sconosciuti quelli realizzati espressamente per la sua collezione da parte di Quinto Cenni. Dal 1911 la collezione è stata donata alla New York Public Library dal sig. Henry Draper erede del medico olandese. Ed è questa collezione a costituire la gran massa dei **Quaderni Cenni** che Soldiershop ha in corso di pubblicazione. Ogni immagine ha subito una rigorosa pulizia e ri-classificazione per fornire agli appassionati di storia militare e costume un opera complete e agevole, di notevole importanza per gli studiosi di uniformologia e non solo.

## Cenni pittore ?

Quinto Cenni, pur avendone le possibilità non si dedicò praticamente mai al lavoro su tela, all'attività di pittore classico. Del Cenni infatti non esistono quadri famosi, preferendo egli dedicarsi di gran lunga al disegno, all'incisione e all'acquerello. Fra le poche opere note, la Galleria d'arte moderna di Milano conserva l'acquerello *Cannoniere al pezzo*. Nella Pinacoteca civica di Imola si può ammirare un suo Ritratto ma si tratta di un opera del figlio Italo. Sono noti alcuni quadri che l'artista romagnolo preparò per alcuni concorsi come quello a Milano del 1872 con il quadro *Il combattimento in Piazza Vendôme a Parigi tra Versagliesi e Comunardi* e nel 1881 all'Esposizione nazionale di Belle Arti con *La battaglia di San Martino*. Quinto Cenni fu sostanzialmente uno studioso entusiasta della complessa materia dell'uniformologia, materia che in Italia ha sempre avuto pochi cultori e specialisti,

▲ Il collezionista e medico olandese H. J. Vinkhuijzen, amico e mecenate di Quinto Cenni presso il quale acquistò centinaia di tavole originali dedicate principalmente agli stati italiani pre-unitari ma anche all'esercito del Messico

◄ Italo Cenni, Ritratto di Quinto Cenni nell'atto di scrivere, olio su tela (Musei Civici di Imola)

# BIBLIOGRAFIA DI QUINTO CENNI

- Custoza 1848-1866, Album stroico artistico militare, Milano, 1878
- L'Esercito italiano - Schizzi militari, Album, Milano, 1880
- I Bersaglieri, Numero unico, 18 giugno 1886, Milano, 1886
- I Granatieri, Numero unico, Milano, 1887
- La commemorazione del 1° decennio della morte di Re Vittorio Emanuele II, numero unico pubblicato da L'illustrazione militare italiana, Milano, 1888
- Aosta "la Veia", Numero unico, 1890
- Nizza cavalleria!, Numero unico, 1890
- Piemonte Reale cavalleria, Numero unico, 1892
- I Carabinieri reali, Numero unico, 1894
- L'Artiglieria italiana nelle guerre napoleoniche, Roma, Voghera, 1899
- Avanti l'Artiglieria!, Numero unico, 1904
- La Guerra Italo-Turca 1911-1913, Album illustrato
- La campagna del 1859, Album illustrato
- 1849: Assedio di Roma, Foglio m 1,05x0,69
- I Battaglioni della Speranza 1797-99, 1848-49, 1859-60, in Lettura, 1916

Diresse e illustrò L'Illustrazione Militare Italiana dal 1887 al 1897


## Opere illustrate

- B. Lencisa, Pasquale Paoli e le guerre di indipendenza della Corsica, Milano, Vallardi, 1890
- P. Moderni, L'assedio di Roma nella guerra del 190.., Milano, La Poligrafica, s.a.
- Alessandro Manzoni, I Promessi Sposi
- Massimo D'Azeglio, Ettore Fieramosca
- Massimo D'Azeglio, Niccolò de' Lapi
- Francesco Domenico Guerrazzi, L'assedio di Firenze

LE R. TRUPPE
DEL DUCATO
DI PARMA
DAL 1849 AL 1859

# TAVOLE UNIFORMOLOGICHE

### Note alle tavole a colori

Tutti i figurini pubblicati su questo libro sono opera di Quinto Cenni e fanno parte della collezione privata raccolta alla fine dell'ottocento dal Dott. H. J. Vinkhuijzen ora di proprietà della New York Public Library cui va tutto il nostro ringraziamento per la gentile concessione.

Ogni tavola ha subito una radicale pulizia grafica da graffi, segni e usure del tempo. Tutte le indicazioni riportate, quando presenti, si rifanno agli originali testi inseriti dall'artista ai piedi, a lato delle tavole o sul retro delle stesse.

1849

**Ducato di Parma**
Auditori militari e gendarmeria ducale

**Ducato di Parma**
Aiutante di campo del Duca e ufficiali di Stato Maggiore

**Ducato di Parma**
Gendarmeria ducale e alabardieri

**Ducato di Parma**
Bureau d'artiglieria

**Ducato di Parma**
Il Duca di Parma in passeggiata per le strade di Parma

**Ducato di Parma**
Guardia Ducali a cavallo

# 1850-51

**Ducato di Parma**
Uomini e ufficiali della Gendarmeria Ducale

1852

**Ducato di Parma**
Fanteria di linea, comandante, copro ufficiali e portastendardo

**Ducato di Parma**
3° Battaglione fanteria di linea con soldati, ufficiali, tamburino e vivandiera.

**Ducato di Parma**
Guardie del Copro a cavallo

**Ducato di Parma**
Guardia del Corpo e alabardieri

**Ducato di Parma**
Ufficiali superiori della Guardia

**Ducato di Parma**
Ufficiali e soldati d'artiglieria

**Ducato di Parma**
Guardie del Corpo

1854

**Ducato di Parma**
Veterani e cappellani

**Ducato di Parma**
Ufficiale, tromba e musicante d'artiglieria

**Ducato di Parma**
Soldati d'artiglieria

**Ducato di Parma**
Ufficiali e soldati di fanteria

**Ducato di Parma**
Cacciatori e Guardia di finanza

**Ducato di Parma**
Corpo degli Invalidi

**Ducato di Parma**
Veterani, cappellani e ufficiali vari corpi

**Ducato di Parma**
Divisione del Deposito

**Ducato di Parma**
Scena di genere fra militari e vivandiera

**Ducato di Parma**
Divisione di Correzione

**Ducato di Parma**
Zappatore, tamburo maggiore, trombe e musicanti della fanteria di linea

**Ducato di Parma**
Moschettieri della Guardia

**Ducato di Parma**
Granatieri della Guardia

**Ducato di Parma**
Plotone Guide

**Ducato di Parma**
Uomini della Gendarmeria

**Ducato di Parma**
Brigadiere generale e suo stato maggiore

**Ducato di Parma**
Il Duca Roberto e il suo seguito

1859

**Ducato di Parma**
Ufficiali dell'Amministrazione

**Ducato di Parma**
Guardie d'Onore

**Ducato di Parma**
Soldati del genio

**Ducato di Parma**
Soldati del genio

1859

**Ducato di Parma**
Alabardieri e pompieri

**Ducato di Parma**
Compagnia di guarnigione

**Ducato di Parma**
Soldati d'artiglieria

**Ducato di Parma**
Artiglieria e genio

# APPENDICE TAVOLE UNIFORMOLOGICHE DI G. FATTORINI E ALTRI ARTISTI

### Note alle tavole a colori

Tutti i figurini pubblicati in questa appendice sono opere di artisti minori. Fra essi l'unico nome desunto è quello dell'artista parmense Giulio Fattorini realizzati attorno al 1885 e facente parte come quelli più noti del Cenni della collezione privata raccolta alla fine dell'ottocento dal Dott. H. J. Vinkhuijzen ora di proprietà della New York Public Library cui va tutto il nostro ringraziamento per la gentile concessione.

Ogni tavola ha subito una radicale pulizia grafica da graffi, segni e usure del tempo. Tutte le indicazioni riportate, quando presenti, si rifanno agli originali testi inseriti dall'artista o dal classificatore ai piedi, a lato delle tavole o sul retro delle stesse.

Cacciatori

Musicante e alabardiere in gran tenuta . Giulio Fattorini 1885 ca.

1848

Capitano Francesco Ferrari aiutante di campo di Bombelles, a destra Colonnello brigadiere
Salis Zizers in tenuta invernale. Giulio Fattorini 1885 ca.

Da sinistra Capitano Trombetti aiutante di campo del Duca, al centro il Duca Carlo III in piccola tenuta e il capitano Ghezzi della compagnia cacciatori . Giulio Fattorini 1885 ca.

Soldati d'artiglieria

Da sinistra luogotenente d'artiglieria Luigi Galli e luogotenente del genio Camillo Lombardini.
Giulio Fattorini 1885 ca.

Dragone ducale a piedi in gran tenuta e fante di linea. Giulio Fattorini 1885 ca.

Caporale dei cacciatori e granatiere in gran tenuta . Giulio Fattorini 1885 ca.

1848

Capitano di fanteria in piccola tenuta e cadetto in tenuta fuori servizio . Giulio Fattorini 1885 ca.

1848

Guardia d'onore a cavallo

1849

Cavalleria della Guardia

Ufficiali d'artiglieria

1850

Moschettiere della Guardia e a destra fanteria di Linea

1859

Gendarme a cavallo

1859

Cavalleria della Guardia

Ufficiale e soldato degli jager (cacciatori)

Granatieri e fanteria della Guardia

Ufficiale soldato di fanteria di linea

Fanteria di linea

1859

Ufficiale delle Guide a cavallo

Guardia del corpo

Alabardiere di palazzo e generale in mantello

1850

Ufficiale fanteria della Guardia e soldato del genio

1859

Fanteria di linea

Invalido e Guardia d'onore di sua altezza il Duca Carlo III (Fattorini)

1859

Generale

1859

Guardia del Corpo

1860

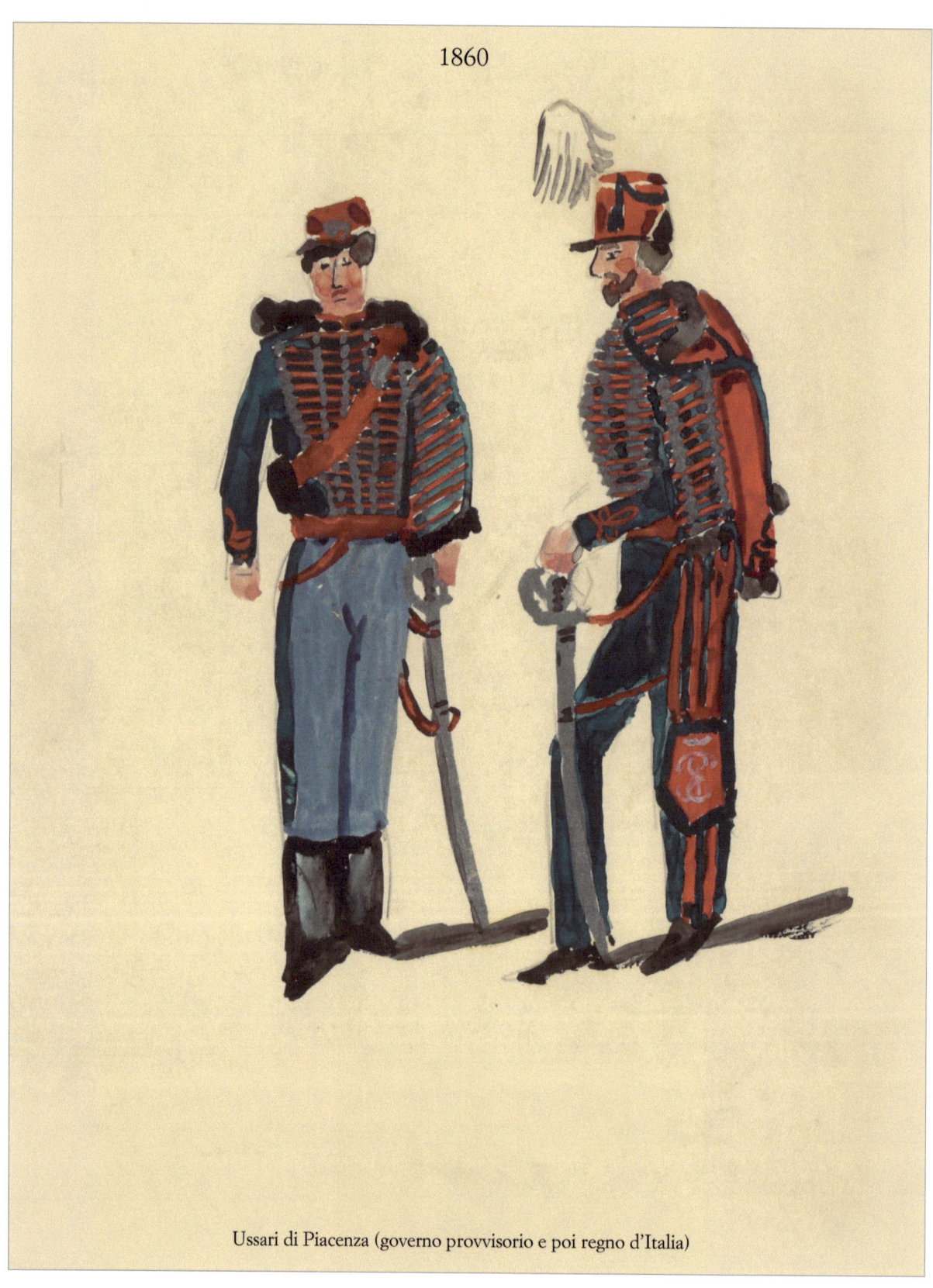

Ussari di Piacenza (governo provvisorio e poi regno d'Italia)

# INDICE:

*

# BIBLIOGRAFIA ESSENZIALE:

- *Mario Zannoni,* Le truppe di Maria Luigia 1814-1847, Albertelli Parma 2012.
- *Luca Goldoni*, Maria Luigia donna in carriera, Rizzoli 1991.

- *M.Zannoni e M.Fiorentino,* Le reali truppe parmensi, Albertelli Parma 1984.

- *V.Gibellini,* Gli eserciti italiani, dagli stati pre-unitari all'unità nazionale, De Agostini 1984

- *AA.VV.* Maria Luigia donna e sovrana - una corte europea a Parma, Guanda Parma

- *A.Archi*, Gli ultimi Asburgo e gli ultimi Borbone in Italia 1814-1861, San Casciano 1965

- *AA.VV.* Le uniformi italiane nelle tavole del Codice Cenni, Editoriale Nuova 1983.

- *Quinto Cenni,* Il soldato italiano del Risorgimento, Rivista Militare 1987

- *O.Bovio.* Le bandiere dell'esercito, Stato maggiore Roma 1981

# QUADERNI CENNI

Prestigiosa serie per collezionisti basata sulle prestigiose immagini realizzate nell'arco di una vita dal più grande pittore militare e uniformologo Quinto Cenni. Questi quaderni spaziano a gran parte degli stati pre-unitari italiani e non solo. Libri di medio/grande formato 20,5 x 25,5 composti da 100/150 pagine tutte a colori con le tavole a piena pagina ed un prologo testuale di una ventina di pagine a commento delle uniformi trattate e della vita di Quinto Cenni.

Già pubblicati i "quaderni" dedicati al Ducato di Parma, al Regno di Napoli e Sicilia e poi delle due Sicilie. In lavorazione i titoli sul Ducato di Modena, Repubblica di Genova, Granducato di Toscana e Ducato di Lucca.

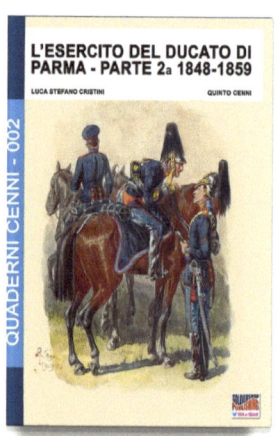
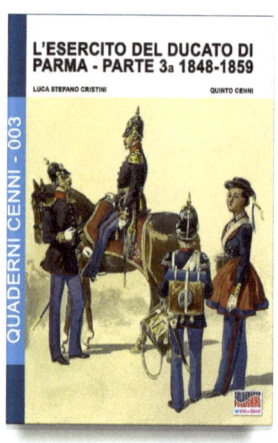

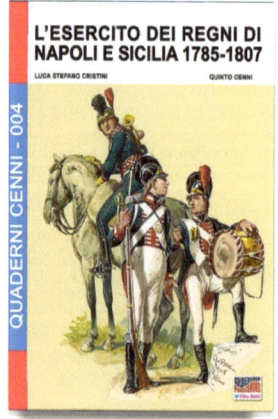
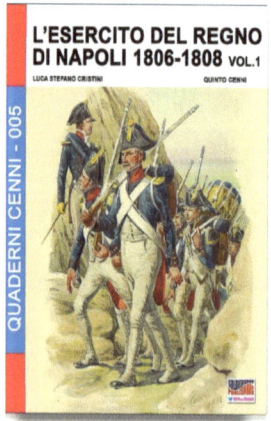
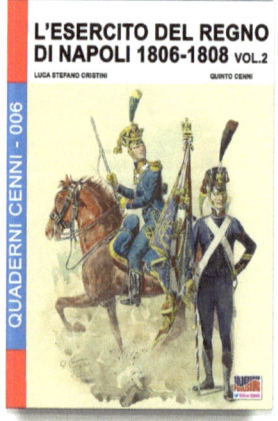
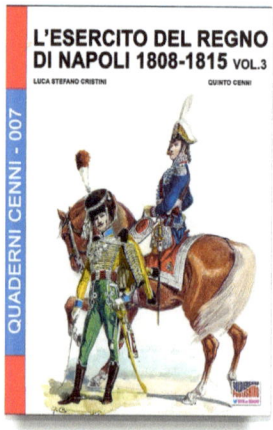

www.soldiershop.com

www.ingramcontent.com/pod-product-compliance
Lightning Source LLC
Chambersburg PA
CBHW041456120626
46547CB00003B/454